AF347366

LIVRES, ESTAMPES

PEINTURES

Notamment un Tableau de RUBENS

BUSTES PAR CLÉSINGER

Dessins, Faiences, Armes, Tapisseries

VENTE APRÈS DÉCÈS, A ORLÉANS

Les Lundi 8 Avril 1895 et jours suivants

A UNE HEURE DE L'APRÈS-MIDI

117, FAUBOURG MADELEINE, 117

(Ancien monastère de la Madeleine)

Par le ministère de l'un de MM. les Commissaires-Priseurs d'Orléans.

ORLÉANS

H. HERLUISON, LIBRAIRE

17, RUE JEANNE-D'ARC, 17

1895

CONDITIONS DE LA VENTE

Au comptant, 10 pour cent en sus
des adjudications.

M. HERLUISON se chargera des commissions qu'on voudra
bien lui confier.

Orléans, imp. P, PIGELET.

LIVRES

1. Adams. Recueil de sculptures gothiques dessinées et gravées d'après les plus beaux monuments de France du XIe au XVe siècles. *Paris, Morel*, 1866, 2 vol. in-4°, en cartons.

2. Arioste (l'). Roland furieux, poème héroïque, traduction par le comte de Tréssan. *Paris, Laporte* S. D. 4 vol. in-8°, fig. avant la lettre, v. rac., fil. tr. dor.

3. Art pour tous, encyclopédie de l'art industriel et décoratif. *Paris*, 6 années in-fol. cart.

4. Association française pour l'avancement des sciences. *Paris*, 1872 à 1885, 14 vol. in-8° cart.

5. L'autographe années 1865, 1871-72, en 3 vol. in-fol. demi-rel.

6. Balzac. Les contes drolatiques, 5e édit. illustrée de 425 dessins, par Gustave Doré. *Paris, ez bureaux de la Société générale de librairie*, 1855, in-8° demi-rel. chag. rouge.

7. Balzac. Les contes drolatiques. *Paris, Calmann-Levy*, 1879, in-8°, cart. n. rog.

8. Batissier. Histoire de l'art monumental dans l'antiquité et au moyen âge suivi d'un texte sur la peinture sur verre. *Paris, Furne*, 1860, gr. in-8°, fig., demi-rel. chag. tr. dor.

9. Bellier de la Chavignerie et Auvray. Dictionnaire général des artistes de l'Ecole française depuis l'origine des arts du dessin jusqu'à nos jours. *Paris*, 1882, 1885, 2 forts vol. in-8° broch.

10. Béranger. Œuvres complètes. *Paris, Perrotin*, 1847-1858, 4 vol in-8°, fig. de Lemud, demi-rel. chag. tr. peigne.

11. Caumont (de). Abécédaire ou rudiment d'archéologie, architecture religieuse. *Caen, Hardel*, 1859, in-8°, demi-rel.

12. Charton et Bordier: Histoire de France par les monuments. *Paris*, 1859, 2 vol. in-8°, fig., demi-chag.

13. Charton. Le Tour du Monde. *Paris, Hachette*, 1860-62, 5 vol, in-4° cart.
    Années 1860, 1861 et premier semestre 1862.

14. Charton. Voyageurs anciens et modernes. *Paris*, 1867, 4 vol, in-8°, demi-rel.

15. Collection Cazin, 9 vol, in-32 rel., figures.
    Géorgiques de Virgile, poésies de Bernis et de Lafare, voyage sentimental, chansons choisies.

16. La construction moderne, environ 300 planches dans deux cartons in-fol.

17. Coppée (François). Théâtre, 2 vol. Prose, 2 vol. *Paris, Hébert,* 4 vol. in-8° broch.

18. Corneille (œuvres). *Paris, Charpentier*, 1855, 2 in-12 demi-rel.

19. Costumes militaires, par Vernet, Charlet, Raffet et autres.

20. Deschanel, Histoire de la conversation, — Le bien et le mal qu'on a dit des femmes et de l'amour. *Paris, Hetzel*, 1857, 5 vol. in-32 broch.

21. Description des Alpes grecques et cottiennes ou tableau historique et statistique de la Savoie, par Albanis de Beaumont. *Paris, imp. de Didot*, 1802, 4 parties in-4°, cartes, demi-rel.

22. Dietterlin, peintre de Strasbourg. Le livre de l'architecture inventé et publié en 200 planches. *Liége, C. Classen, graveur, S. D.,* in-fol. en cart.

23. Dulaure. Histoire de Paris et de ses monuments. *Paris, Furne*, 1846, fort vol. in-8°, grav. sur acier, demi-rel. v.

24. Encyclopediana. Recueil d'anecdotes, anciennes, et modernes. *Paris, Paulin*, 1843, in-8° demi-rel. chag.

25. Encyclopédie moderne. Dictionnaire des sciences des lettres et des arts. *Paris, F. Didot*, 1847, 27 vol. in-8°, demi-rel.

26. L'exposition de 1867 illustrée. *Paris*, 1867, 2 vol. in-fol. demi-rel.

27. Feuillet de Conches et Baschet. Les femmes blondes selon les peintres de l'Ecole de Venise, par deux Vénitiens. *Paris, Aubry*, 1865, in-8° demi-rel., dos et coins chag. rouge, tête dor. n. rog.

28. Figuier (Louis). L'année scientifique. *Paris, L. Hachette*, 24 vol. in-12 broch.

28 *bis*. Fournier (Edouard). L'esprit des autres, l'esprit dans l'histoire. *Paris, Dentu*, 1861-67, 2 vol. in-12, demi.

29. Franklin (Alfred). Les anciennes bibliothèques de Paris. Eglises, monastères, collèges. *Paris, imp. impériale et nat.*, 1865-1873, 5 vol. in-4°, fig., cart.

50. Fromont et de Mennynck. Histoire des canonniers de Lille. *Lille, Quarré*, 1892-93, 2 vol. gr. in-8°, nombreuses gravures, broch.

51. Garnier et Ammann. L'habitation humaine. *Paris, Hachette*, 1892, gr. in-8°, fig., cart. tr. dor.

52. Gautier (Théophile). Les jeunes France, roman goguenard. *Paris, Eugène Renduel*, 1853, in-8°, demi-rel. v.

55. Gazette des Beaux-Arts. *Paris*, 1859-1869, 20 vol. gr. in-8°, nomb. fig., à l'eau forte et au burin, br. et en liv.
    Années 1859 à 61, 63 à 69.

54. Germain de Saint-Pierre. Nouveau dictionnaire de botanique contenant 1,600 figures. *Paris, Baillière*, 1870, fort vol. gr. in-8°, cart. n. rog.

55. Graesse. Guide de l'amateur de porcelaines et de poteries. *Dresde*, 1864, demi-reliure dos et coins. — Tainturier. Notice sur les faïences dites de *Henri II*, 1860, broch., 2 vol. in-8°.

56. Grestou. Recherches sur la céramique. *Chartres, Garnier*, 1864, in-8° broch.

57. Guizot. L'histoire de France depuis les temps les plus reculés jusqu'en 1789. *Paris, Hachette*, 1875-1880, 5 vol. in-8°, fig. demi-reliure dos et coins chag. rouge tête dor. n. rog.

58. Histoire de la milice française par le P. Daniel. *Amsterdam*, 1754, 2 vol. in-4°, v. f. fil. figures gravées.

39. Hugo (Victor). Notre-Dame de Paris. *Paris, Eugène Renduel*, 1836, in-8°, fig. sur Chine, cart. tr. dor.

39 *bis*. Hugo. Théâtre et poésies. *Paris, Hetzel*, 2 vol. gr. in-8°, fig., broch.

40. Itinéraire pittoresque au nord de l'Angleterre, contenant 75 vues des lacs, montagnes, châteaux, etc., des comtés de Westmorland, Cumberland, Durham, etc. texte par Gérard. *Londres, Fischer*, 1836, in-4°, cart. tr. dor.

41. Janin (Jules). Critique dramatique. *Paris, Jouaust*, 1877, 3 in-12 chag. rouge.

42. Journal illustré, 17 vol. in-fol.

43. Journal l'Art. *Paris*. 1882-1884, 9 vol. in-fol. nombreuses gravures à l'eau forte et au burin en livr.

44. La Bruyère. Les caractères, introduction de Sainte-Beuve, illustrations de Grandville. *Paris. Morizot*, 1864, gr. in-8° demi-reliure chag. dor. en tête n. rog.

45. La Fontaine. Fables choisies mises en vers par M. de la Fontaine *Londres* 1780, 2 in-32, fig. gravées par Delaunay v. gran, fil. tr. dor,

46. La France au XIX° siècle illustrée dans ses monuments et ses plus beaux sites, dessinés par T. Allom, avec un texte descriptif par C. J. Delille. *Londres et Paris, Fischer*, s. d. 3 vol. in-4° contenant 96 gravures anglaises sur acier cart. plaques sur les plats, tr. dor.

47. Lamartine. Œuvres complètes. *Paris, Gosselin*, 1850, 6 vol. in-8° demi-reliure.

48. Larousse. Le grand Dictionnaire universel du XIX° siècle. *Paris, Larousse*, 1866-1876, 16 vol. in-4° demi-reliure.

49. Lavallée (Th.) Histoire de la Maison royale de St-Cyr (1686-1793). *Paris, Furne*, 1853, gr. in-8°, fig. sur acier, broch.

50. Lestrange. Les fables d'Esope et de plusieurs autres excellents mythologistes accompagnées du sens moral et des réflexions du chevalier de Lestange avec les figures de Barlouw. Utile aux peintres, sculpteurs et graveurs. *Amsterdam, E. Roger*, 1714, in-4°, fig. bas. m.

51. Livrets des anciennes Expositions depuis 1673 jusqu'en
1800, publiés par J.-J. Guiffrey. *Paris*, 1870-73, 44 vol.
in-12, pap. vergé broch.

52. Loiseleur (J.) Les résidences royales de la Loire.
Paris, Dentu, 1863, in-12, fig. demi-reliure.

53. Lucrèce. De la nature des choses, traduction nouvelle
avec des notes par M. L. G. (Lagrange). *Paris, Bleuet*,
1768, 2 vol. in-8°, papier de Holl. 7 figures par Grave-
lot, gravées par Binet, veau porphyre fil. tr. dor.

54. Magasin (Le) pittoresque, publié sous la direction de
Edouard Charton. *Paris*, 1835-1883, 51 vol. in-4°,
fig. cart.

55. Masson (F.). Mémoires et lettres du cardinal de Bernis.
Paris, Plon, 1878, 2 vol. in-8°, cart.

56. Mélanges et lettres de Doudan, avec introduction et
notices par le comte d'Haussonville, de Sacy, Cuvilliers-
Fleury. *Paris, C. Levy*, 1878, 4 vol. in-8°, demi-
reliure chag.

57. Mémoires sur la Restauration et souvenirs historiques
par Madame la duchesse d'Abrantès. *Paris, L'Henry*,
1835, 6 vol. in-8°, demi-reliure.

58. Mignet. Histoire de la Révolution française. *Paris,
Didot*, 1845, 2 vol. in-8°, fig. demi-reliure dos et coins
v. v. tr. peigne.

59. Molière. Œuvres publiées par Aimée-Martin. *Paris,
Lefevre*, 1845, 6 vol. in-8°, demi-chag. vert figures
tr. dor.

60. Monde illustré (Le) *Paris*, 52 vol. in-fol. demi-reliure.

61. Monnier (Henri). Scènes parisiennes, les petites gens.
— Gozlan, Balzac en pantoufles — Bertin, Perrault
moralistes. — Hugo, chants du crépuscule. *Paris,
Hetzel*, 1857, 5 vol. in-32 broch.

62. Napoléon Ier. Ouvrages sur l'empereur, par de Baudus
et le baron de Menneval, 4 vol. broch.

63. Napoléon III. Histoire de Jules César. *Paris, Plon*,
1865-66, 2 vol., grand in-8°, broch.

64. Norvins. Histoire de Napoléon. *Paris, Furne*, 1839,
4 vol. in-8°, fig., demi-rel.

65. Neralco. I. tre ordini d'architectura presi dalle fab-
briche piu celebri dell' Antica Roma. *Roma, Rossi,*
1744, in-fol. rel. en parch.

66. Noailles (duc de). Histoire de Mme de Maintenon et
des principaux événements du règne de Louis XIV.
Paris, 1848, 4 vol. in-8°, pap. vélin, port grav., broch.

67. Nodier (Charles). Collection de petits classiques français, dédiée à Mme la duchesse de Berry. *Paris,*
Delangle, 1825, 8 vol. in-12, demi-rel. dos et coins, v.
n. rog.

68. Normand (Charles). Le vignole des architectes, des
élèves et des ouvriers. *Paris,* 1827, 5 parties in-4°, demi-
rel.

69. Office (l') de la Semaine Sainte. *Paris, Ch. Fosset,*
1685, in-8°, maroq. rouge fil, compart. tr. dor,
    Chiffre de Louis XIV sur les plats, figuré par un L couronné.

70. Panthéon des illustrations françaises au XIXe siècle,
publié par Victor Frond. *Paris, Lemercier,* S. d., in-fol.,
portraits, notices et autographes, demi-rel. chag. rouge,
tr. dor.

71. Paris et ses historiens aux XIVe et XVe siècles, docu-
ments et écrits originaux recueillis et commentés par
Le Roux de Lincy et Tisserand. *Paris, Imp. Impériale,*
1867, in-4°, avec grav. et chromolith., cart.

72. Paris dans sa splendeur. Vues, histoire, monuments,
avec 50 planches lithog. par les meilleurs artistes.
Paris, Charpentier, 1863, 3 vol. grand in-fol., demi-
rel., chag. rouge.

73. Perrault. Contes des fées, illustrés par Gustave Doré,
préface de Stahl. *Paris, Hetzel,* 1862, in-fol., cart. n.
rog.
    1re édition ill. par Doré.

74. Philibert. Exercices de botanique à l'usage des com-
mençants, ornés de 157 planches coloriées au pinceau.
Paris, imp. de Crapelet, 1801, 3 vol. in-8°, v. fauve fil.
tr. dor.

75. Plutarque. Les hommes illustres, traduction Pierron,
Paris, Charpentier, 1854, 4 vol. in-12, broch.

76. Pouqueville. Voyage de la Grèce, avec cartes, vues et figures. *Paris, F. Didot*, 1826, 6 vol. in-8°, demi-rel., n. rog.

77. Rabelais. Œuvres. *Genève* (Cazin), 1782, 4 vol. in-32, port v. f. tr. dor.

78. Racinet. Le costume historique. *Paris, Didot*, 4 vol. in-4°, contenant 515 planches, demi-rel. dos et coins chag. rouge, tête dor. n. rog.

79. Raphaël. Imagines Veteris ac Novi Testamenti a Raphaele Sanctio Urbinate in Vaticani Palatii xystis, mira picturæ elegantia expressæ. Jacobi de Rubeis cura ac sumptibus delineatæ, incisæ et typis editæ. *Roma*, 16.., in-fol., oblong, contenant 52 planches plus 1 front. gravés, parch.
> Ouvrage dédié à Christine de Suède dont le portrait figure au frontispice.

80. Recueil de pierres gravées, antiques, dessinées et gravées au trait, par M. L'Evêque de Gravelles, avec 205 planches. *Paris, Musier*, 1770, 2 vol. in-4°, cart. n. rog.

81. Rich, traduit par Cheruel. Dictionnaire des antiquités romaines et grecques accompagné de 2.000 gravures. *Paris, Didot*, 1854, petit in-8°, demi-rel.

82. Ris-Paquot. Dictionnaire des marques et monogrammes des faïences, poteries, etc., contenant plus de 6.000 marques, monogrammes et noms. 4e édit. *Paris*, 1879, in-8°, cart., n. rog.

83. Robinson-Crusoé par Daniel de Foé, traduction revue et corrigée sur celle de Stockdale en 1790, avec 29 gravures par Délignon d'après Stothart. *Paris, Verdière*, an VIII, 3 vol. in-8°, demi-reliure dos et coins mar. grain long vert, non-rog.

84. Salluste. C. Sallustii Catilinaria et Jugurthina bella. *Parisiis, F. Didot*, 1819, in-fol. papier vélin, cart. non rog.

85. Souvenirs pittoresques du général Bacler-d'Albe. 200 planches lithog. in-4°, demi-rel. n. rog.
> Le tome II contient ses campagnes d'Espagne.

86. Talleyrand. Mémoires du prince de Talleyrand, publiés par le duc de Broglie. *Paris, C. Lévy,* 1891-92, 5 vol. in-8° broch.

87. Thermes de Titus sur l'Esquilin, recueil de planches gravées par Carloni d'après les dessins de Smugliawiez et de Brenna, in-folio maximo, 60 planches gravées, cartonné.

88. Thiers. Histoire de la Révolution française, 9e édit. *Paris, Furne,* 1859, 10 vol. in-8°, demi-chag.

89. Thiers (A). Histoire du Consulat et de l'Empire. *Paris, Paulin,* 1847-1862, 20 vol. in-8°, demi-rel. chag. roug. tr. peigne.

90. Topographie historique du vieux Paris, région du Louvre et des Tuileries, par Berty et Legrand. *Paris, Imp. Impériale,* 1868, 2 vol. in-4°, fig. cart.

91. Turpin. La France illustre ou le Plutarque français. *Paris, Dufarts,* 1780, 4 vol. in-4° contenant 59 portraits gravés, demi-rel.

92. Romans contemporains de Dumas, Loti et autres, env. 100 vol. in-12 rel. et broch.

93. Vauzelles (L. de). Histoire du prieuré de la Magdeleine-lez-Orléans, de l'ordre de Fontevraud. *Orléans,* 1873, in-8°, figures, broch.

94. Veuillot (Louis). La vie de Jésus-Christ. *Paris, Didot,* S. D., fort vol. gr. in-8°, nombreuses fig. en couleur et en noir, demi-chag. plaques sur les plats tr. dor.
Edition en langue portugaise.

95. Vigny (Alfred de). Cinq-Mars, une conspiration sous Louis XIII, illustré de 50 gravures. *Paris,* 1877, gr. in-8° broch.

96. Voltaire. Œuvres complètes avec des notes sur la vie de Voltaire. *Paris, F. Didot,* 1875, 13 vol. in-4°, fig. broch.

97. Voltaire. La Pucelle d'Orléans, poème suivi des contes et satires. *Khel, de l'imp. de la Société typ.,* in-4°, portrait gravé, cart. n. rog.

98. Vues des villes et de scènes d'Italie, de France et de
Suisse, texte français-anglais. *Londres* et *Paris, Fischer,*
3 vol. in-4°, contenant 132 gravures anglaises sur acier,
demi-rel., dos et coins veau bleu, tr. marbrées.

99. Wille (J.-G.). Mémoires et journal de Wille, graveur,
publié par G. Duplessis, *Paris*, 1857, 2 vol. in-8
broch.

———

100. HERBIER DE J.-J. ROUSSEAU. 15 cartons-volumes
in-4°, contenant environ 1,500 plantes.

Ce curieux recueil est l'un des trois herbiers constitués à Er-
menonville par J.-J. Rousseau.

Si nous ne nous trompons pas, le premier fut offert à Frédéric
de Prusse ; le second, serait passé dans les collections du Mu-
séum de Paris ; le troisième est le nôtre. Offert, après la mort
du philosophe, par sa veuve Thérèse Levasseur, à son médecin,
il fut vendu en 1822, ainsi que le constate une lettre du marquis
de Girardin, jointe à l'un des volumes, son authenticité est in-
contestable.

PEINTURES.

BARRIAS.

101. Composition renfermant une vingtaine de figures costumes du XVIII° siècle, ébauche sur panneau.

Largeur : 0m60, hauteur : 0m18.

BARRIAS.

102. Groupes d'amours, 2 pendants ébauche sur panneaux.

Hauteur : 0m20, largeur : 0m18.

ÉCOLE FRANÇAISE, XVIII° siècle.

103. Vue perspective des jardins de Louveciennes? toile.

Largeur : 0m82, hauteur : 0m70.

ÉCOLE HOLLANDAISE.

104. Joli petit paysage dans le goût de Decker.

Largeur : 0m19, hauteur : 0m13.

ÉCOLE DU XVIII° SIÈCLE.

105. Pastorale, dessus de porte, toile, bordure dorée.

Largeur : 0m80, hauteur : 0m76.

LANTARA (Simon-Mathurin).

106. Joli paysage, effet d'orage avec rivière, toile.

Largeur : 0m47, hauteur : 0m30.

MAZEROLLES (J).

107. Panneau décoratif pour plafond, au bas on lit : « *Hommage à M. B***, J. Mazerolles 1877* ».

Cette composition est divisée en trois parties : dans le médaillon du centre, Mercure présente une déesse à Jupiter; dans ceux de droite et de gauche, les chars de Vénus et d'Apollon.

RAPHAEL (d'après).

108. La Belle Jardinière, toile.

Hauteur : 0m63, largeur : 0m50.

Copie exécutée au XVII° siècle pour Philippe, comte de Béthune, mort en 1649. La collection de cet amateur avait été léguée à Louis XIV. Ses armoiries *d'argent à la fasce de gueules, au lambel à trois pendants d'argent*, sont peintes sur la droite du tableau.

RUBENS (P.-P.)

109. LA MORT D'ADONIS.

Magistrale composition comprenant 6 figures. Cette toile, qui mesure 3m40 de large sur 2m de hauteur, à fait partie des collections de M. Kleintges de Rotterdam. Une répétition du même sujet existe dans la galerie Van-Hope de Londres.

Nota. — La photographie du tableau sera adressée, *en communication*, aux amateurs désireux d'avoir sous les yeux une reproduction de l'œuvre.

WOUVERMANS (École de).

110. Chevaux et moutons, toile.

Largeur : 0m70, hauteur : 0m45.

PEINTURE SUR FAIENCE.

111. Le triomphe d'Amphitrite, faïence peinte, de forme ovale.

DESSINS.

ANONYME.

112. Le festin du roi boit, d'après Teniers, dessin à la mine de plomb (*encad.*).

Largeur : 0m22, hauteur : 0m16.

DURAND et autres.

113. Dessins au trait ou au lavis sur la cathédrale de Laon, Saint-Genner, Saint-Thomas-de-Beauvais, Sarcus, etc., pour le voyage pittoresque et romantique de Taylor; 40 pièces.

SANDOZ.

114. Maximilien de Béthune, duc de Sully, ministre de Henry IV, portrait à l'encre de Chine. (*Enc.*)

115. Dessins anciens, un portefeuille contenant 40 pièces.

ESTAMPES.

COUSINS, d'après Winterhalter.

116. Napoléon III et l'Impératrice Eugénie, 2 portraits en pied (*encad.*), gravé à la manière noire.

GAUCHER.

117. Hommages rendus à Voltaire sur le théâtre français, le 50 mars 1778, grav. par Gaucher, d'après Moreau le Jeune.

GIRARDET, VARNI, BALLIN et MASSARD.

118. Les fiançailles. — la veille des noces. — Le baptême. — La cinquantaine. 4 grandes pièces, gr. en manière noire (*encad.*).

LEPRINCE.

119. Habillement, costumes militaires et autres, cris des marchands de Saint-Pétersbourg et de Moscou, vues, monuments, etc., concernant la Russie et les Russes ; 72 pièces à toutes marges, belles épreuves anciennes.

PORTRAITS.

120. Iconographie française, 200 port. lithog. par Grevedon, Belliard et autres artistes.

RICHOMME.

121. Henri IV et ses enfant: — La mort de Léonard de Vinci, 2 pièces d'après Ingres *(encad.)*.

SERZ, d'après Raphaël.

122. Mater amabilis (*encad.*).

SIXDENIERS.

123. L'acordée de village grav. à la manière noire, d'après. Greuze (*encad.*).
Épreuve avant la lettre.

WILLE.

124. Marc-Antoine et Cléopâtre, d'après Battoni (*encad.*)
Épreuve avec les armes, avant la lettre.

WILLMANN.

125. Vue générale de Paris, dédiée à Napoléon III.
Épreuve avant la lettre.

126. Photographies, vues, monuments, etc.

SCULPTURE

° CLESINGER.

127. Deux bustes de femmes, terres cuites, signées : Clesinger, 1874.

128. Coupe et fontaine, bronzes japonais, niellés d'argent.

129. Médailles des rois de France, 74 pièces en bronze du modèle de 50 millimètres de diamètre.

NAPOLÉON Ier.

130. Portrait de profil, tête dirigée à gauche.

Tissé à Lyon, en velours noir, sur fond de satin rouge antique avec un encadrement formant torsade et aux angles la lettre N.

131. TROIS TAPISSERIES. Verdures avec personnages, mesurant 4m 40 sur 2m 60 ; 2m 75 sur 2m 75 ; 2m sur 2m 35.

132. Il sera vendu, en outre, sous ce numéro, des armes, notamment une armure de Cent-gardes composée de casque, cuirasse, mousqueton, épée, épaulettes et trompette, cette dernière accompagnée de la flamme-écusson portant les armoiries de l'empereur brodées sur soie.

Porcelaines de Sèvres et service de table au chiffre de Napoléon III.

Socles-supports de statues, vitrines, etc.

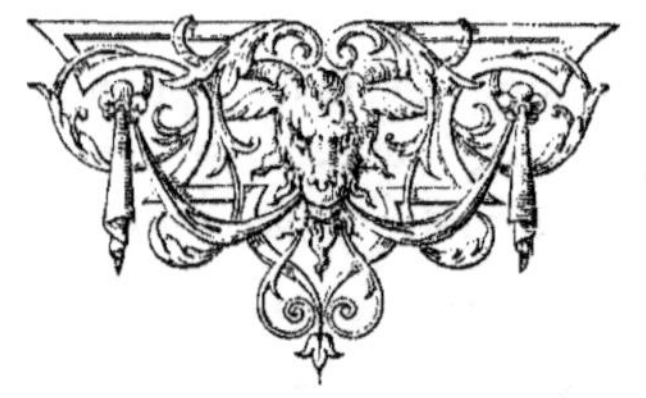

www.ingramcontent.com/pod-product-compliance
Lightning Source LLC
LaVergne TN
LVHW010822180726
843502LV00009B/3487